the things to do list belongs to :

_____

_____

Date :_____

. PRIORITIES FOR THE DAY :

☐ _____
☐ _____
☐ _____

. MY TO DO LIST :

☐ _____
☐ _____
☐ _____
☐ _____
☐ _____
☐ _____
☐ _____
☐ _____
☐ _____

Notes :

Date :_____

. PRIORITIES FOR THE DAY :

☐ _____

☐ _____

☐ _____

. MY TO DO LIST :

☐ _____

☐ _____

☐ _____

☐ _____

☐ _____

☐ _____

☐ _____

☐ _____

☐ _____

Notes :

Date :_____

. PRIORITIES FOR THE DAY :

☐ _____

☐ _____

☐ _____

. MY TO DO LIST :

☐ _____

☐ _____

☐ _____

☐ _____

☐ _____

☐ _____

☐ _____

☐ _____

☐ _____

Notes :

Date :_____

. PRIORITIES FOR THE DAY :

☐ _____
☐ _____
☐ _____

. MY TO DO LIST :

☐ _____
☐ _____
☐ _____
☐ _____
☐ _____
☐ _____
☐ _____
☐ _____
☐ _____

Notes :

Date :_____

. PRIORITIES FOR THE DAY :

☐ _____
☐ _____
☐ _____

. MY TO DO LIST :

☐ _____
☐ _____
☐ _____
☐ _____
☐ _____
☐ _____
☐ _____
☐ _____
☐ _____

Notes :

Date :_____

. PRIORITIES FOR THE DAY :

☐ _____
☐ _____
☐ _____

. MY TO DO LIST :

☐ _____
☐ _____
☐ _____
☐ _____
☐ _____
☐ _____
☐ _____
☐ _____
☐ _____

Notes :

Date :_____

. PRIORITIES FOR THE DAY :

☐ _____
☐ _____
☐ _____

. MY TO DO LIST :

☐ _____
☐ _____
☐ _____
☐ _____
☐ _____
☐ _____
☐ _____
☐ _____
☐ _____

Notes :

Date :_____

. PRIORITIES FOR THE DAY :

☐ _____
☐ _____
☐ _____

. MY TO DO LIST :

☐ _____
☐ _____
☐ _____
☐ _____
☐ _____
☐ _____
☐ _____
☐ _____
☐ _____

Notes :

Date :_____

. PRIORITIES FOR THE DAY :

☐ _____
☐ _____
☐ _____

. MY TO DO LIST :

☐ _____
☐ _____
☐ _____
☐ _____
☐ _____
☐ _____
☐ _____
☐ _____
☐ _____

Notes :

Date :_____

. PRIORITIES FOR THE DAY :

☐ _____
☐ _____
☐ _____

. MY TO DO LIST :

☐ _____
☐ _____
☐ _____
☐ _____
☐ _____
☐ _____
☐ _____
☐ _____
☐ _____

Notes :

Date :_____

. PRIORITIES FOR THE DAY :

☐ _____
☐ _____
☐ _____

. MY TO DO LIST :

☐ _____
☐ _____
☐ _____
☐ _____
☐ _____
☐ _____
☐ _____
☐ _____
☐ _____

Notes :

Date :_____

. PRIORITIES FOR THE DAY :

☐ _____
☐ _____
☐ _____

. MY TO DO LIST :

☐ _____
☐ _____
☐ _____
☐ _____
☐ _____
☐ _____
☐ _____
☐ _____
☐ _____

Notes :

Date :_____

. PRIORITIES FOR THE DAY :

☐ _____
☐ _____
☐ _____

. MY TO DO LIST :

☐ _____
☐ _____
☐ _____
☐ _____
☐ _____
☐ _____
☐ _____
☐ _____
☐ _____

Notes :

Date :_____

. PRIORITIES FOR THE DAY :

☐ _____
☐ _____
☐ _____

. MY TO DO LIST :

☐ _____
☐ _____
☐ _____
☐ _____
☐ _____
☐ _____
☐ _____
☐ _____
☐ _____

Notes :

Date :_____

. PRIORITIES FOR THE DAY :

☐ _____
☐ _____
☐ _____

. MY TO DO LIST :

☐ _____
☐ _____
☐ _____
☐ _____
☐ _____
☐ _____
☐ _____
☐ _____
☐ _____

Notes :

Date :_____

. PRIORITIES FOR THE DAY :

☐ _____
☐ _____
☐ _____

. MY TO DO LIST :

☐ _____
☐ _____
☐ _____
☐ _____
☐ _____
☐ _____
☐ _____
☐ _____
☐ _____

Notes :

Date :_____

. PRIORITIES FOR THE DAY :

☐ _____
☐ _____
☐ _____

. MY TO DO LIST :

☐ _____
☐ _____
☐ _____
☐ _____
☐ _____
☐ _____
☐ _____
☐ _____
☐ _____

Notes :

Date :_____

. PRIORITIES FOR THE DAY :

☐ _____
☐ _____
☐ _____

. MY TO DO LIST :

☐ _____
☐ _____
☐ _____
☐ _____
☐ _____
☐ _____
☐ _____
☐ _____
☐ _____

Notes :

Date :_____

. PRIORITIES FOR THE DAY :

☐ _____
☐ _____
☐ _____

. MY TO DO LIST :

☐ _____
☐ _____
☐ _____
☐ _____
☐ _____
☐ _____
☐ _____
☐ _____
☐ _____

Notes :

Date :_____

. PRIORITIES FOR THE DAY :

☐ _____
☐ _____
☐ _____

. MY TO DO LIST :

☐ _____
☐ _____
☐ _____
☐ _____
☐ _____
☐ _____
☐ _____
☐ _____
☐ _____

Notes :

Date :_____

. PRIORITIES FOR THE DAY :

- [ ] _____
- [ ] _____
- [ ] _____

. MY TO DO LIST :

- [ ] _____
- [ ] _____
- [ ] _____
- [ ] _____
- [ ] _____
- [ ] _____
- [ ] _____
- [ ] _____
- [ ] _____

Notes :

Date :_____

. PRIORITIES FOR THE DAY :

☐ _____

☐ _____

☐ _____

. MY TO DO LIST :

☐ _____

☐ _____

☐ _____

☐ _____

☐ _____

☐ _____

☐ _____

☐ _____

☐ _____

Notes :

Date :_____

. PRIORITIES FOR THE DAY :

☐ _____
☐ _____
☐ _____

. MY TO DO LIST :

☐ _____
☐ _____
☐ _____
☐ _____
☐ _____
☐ _____
☐ _____
☐ _____
☐ _____

Notes :

Date :_____

. PRIORITIES FOR THE DAY :

☐ _____
☐ _____
☐ _____

. MY TO DO LIST :

☐ _____
☐ _____
☐ _____
☐ _____
☐ _____
☐ _____
☐ _____
☐ _____
☐ _____

Notes :

Date :_____

. PRIORITIES FOR THE DAY :

☐ _____
☐ _____
☐ _____

. MY TO DO LIST :

☐ _____
☐ _____
☐ _____
☐ _____
☐ _____
☐ _____
☐ _____
☐ _____
☐ _____

Notes :

Date :_____

. PRIORITIES FOR THE DAY :

☐ _____
☐ _____
☐ _____

. MY TO DO LIST :

☐ _____
☐ _____
☐ _____
☐ _____
☐ _____
☐ _____
☐ _____
☐ _____
☐ _____

Notes :

Date :_____

. PRIORITIES FOR THE DAY :

☐ _____
☐ _____
☐ _____

. MY TO DO LIST :

☐ _____
☐ _____
☐ _____
☐ _____
☐ _____
☐ _____
☐ _____
☐ _____
☐ _____

Notes :

Date :_____

. PRIORITIES FOR THE DAY :

☐ _____
☐ _____
☐ _____

. MY TO DO LIST :

☐ _____
☐ _____
☐ _____
☐ _____
☐ _____
☐ _____
☐ _____
☐ _____
☐ _____

Notes :

Date :_____

. PRIORITIES FOR THE DAY :

☐ _____
☐ _____
☐ _____

. MY TO DO LIST :

☐ _____
☐ _____
☐ _____
☐ _____
☐ _____
☐ _____
☐ _____
☐ _____
☐ _____

Notes :

Date :_____

. PRIORITIES FOR THE DAY :

☐ _____
☐ _____
☐ _____

. MY TO DO LIST :

☐ _____
☐ _____
☐ _____
☐ _____
☐ _____
☐ _____
☐ _____
☐ _____
☐ _____

Notes :

Date :_____

. PRIORITIES FOR THE DAY :

☐ _____
☐ _____
☐ _____

. MY TO DO LIST :

☐ _____
☐ _____
☐ _____
☐ _____
☐ _____
☐ _____
☐ _____
☐ _____
☐ _____

Notes :

Date :_____

. PRIORITIES FOR THE DAY :

☐ _____
☐ _____
☐ _____

. MY TO DO LIST :

☐ _____
☐ _____
☐ _____
☐ _____
☐ _____
☐ _____
☐ _____
☐ _____
☐ _____

Notes :

Date :_____

. PRIORITIES FOR THE DAY :

- [ ] _____
- [ ] _____
- [ ] _____

. MY TO DO LIST :

- [ ] _____
- [ ] _____
- [ ] _____
- [ ] _____
- [ ] _____
- [ ] _____
- [ ] _____
- [ ] _____
- [ ] _____

Notes :

Date :_____

. PRIORITIES FOR THE DAY :

☐ _____
☐ _____
☐ _____

. MY TO DO LIST :

☐ _____
☐ _____
☐ _____
☐ _____
☐ _____
☐ _____
☐ _____
☐ _____
☐ _____

Notes :

Date :_____

. PRIORITIES FOR THE DAY :

☐ _____
☐ _____
☐ _____

. MY TO DO LIST :

☐ _____
☐ _____
☐ _____
☐ _____
☐ _____
☐ _____
☐ _____
☐ _____
☐ _____

Notes :

Date :_____

. PRIORITIES FOR THE DAY :

☐ _____
☐ _____
☐ _____

. MY TO DO LIST :

☐ _____
☐ _____
☐ _____
☐ _____
☐ _____
☐ _____
☐ _____
☐ _____
☐ _____

Notes :

Date :_____

. PRIORITIES FOR THE DAY :

- [ ] _____
- [ ] _____
- [ ] _____

. MY TO DO LIST :

- [ ] _____
- [ ] _____
- [ ] _____
- [ ] _____
- [ ] _____
- [ ] _____
- [ ] _____
- [ ] _____
- [ ] _____

Notes :

Date :_____

. PRIORITIES FOR THE DAY :

☐ _____
☐ _____
☐ _____

. MY TO DO LIST :

☐ _____
☐ _____
☐ _____
☐ _____
☐ _____
☐ _____
☐ _____
☐ _____
☐ _____

Notes :

Date :_____

. PRIORITIES FOR THE DAY :

- [ ] _____
- [ ] _____
- [ ] _____

. MY TO DO LIST :

- [ ] _____
- [ ] _____
- [ ] _____
- [ ] _____
- [ ] _____
- [ ] _____
- [ ] _____
- [ ] _____
- [ ] _____

Notes :

Date :_____

. PRIORITIES FOR THE DAY :

☐ _____
☐ _____
☐ _____

. MY TO DO LIST :

☐ _____
☐ _____
☐ _____
☐ _____
☐ _____
☐ _____
☐ _____
☐ _____
☐ _____

Notes :

Date :_____

. PRIORITIES FOR THE DAY :

☐ _____
☐ _____
☐ _____

. MY TO DO LIST :

☐ _____
☐ _____
☐ _____
☐ _____
☐ _____
☐ _____
☐ _____
☐ _____
☐ _____

Notes :

Date :_____

. PRIORITIES FOR THE DAY :

☐ _____

☐ _____

☐ _____

. MY TO DO LIST :

☐ _____

☐ _____

☐ _____

☐ _____

☐ _____

☐ _____

☐ _____

☐ _____

☐ _____

Notes :

Date :_____

. PRIORITIES FOR THE DAY :

☐ _____
☐ _____
☐ _____

. MY TO DO LIST :

☐ _____
☐ _____
☐ _____
☐ _____
☐ _____
☐ _____
☐ _____
☐ _____
☐ _____

Notes :

Date :_____

. PRIORITIES FOR THE DAY :

☐ _____
☐ _____
☐ _____

. MY TO DO LIST :

☐ _____
☐ _____
☐ _____
☐ _____
☐ _____
☐ _____
☐ _____
☐ _____
☐ _____

Notes :

Date :_____

. PRIORITIES FOR THE DAY :

☐ _____
☐ _____
☐ _____

. MY TO DO LIST :

☐ _____
☐ _____
☐ _____
☐ _____
☐ _____
☐ _____
☐ _____
☐ _____
☐ _____

Notes :

Date :_____

. PRIORITIES FOR THE DAY :

☐ _____
☐ _____
☐ _____

. MY TO DO LIST :

☐ _____
☐ _____
☐ _____
☐ _____
☐ _____
☐ _____
☐ _____
☐ _____
☐ _____

Notes :

Date :_____

. PRIORITIES FOR THE DAY :

- [ ] _____
- [ ] _____
- [ ] _____

. MY TO DO LIST :

- [ ] _____
- [ ] _____
- [ ] _____
- [ ] _____
- [ ] _____
- [ ] _____
- [ ] _____
- [ ] _____
- [ ] _____

Notes :

Date :_____

. PRIORITIES FOR THE DAY :

☐ _____
☐ _____
☐ _____

. MY TO DO LIST :

☐ _____
☐ _____
☐ _____
☐ _____
☐ _____
☐ _____
☐ _____
☐ _____
☐ _____

Notes :

Date :_____

. PRIORITIES FOR THE DAY :

- [ ] _____
- [ ] _____
- [ ] _____

. MY TO DO LIST :

- [ ] _____
- [ ] _____
- [ ] _____
- [ ] _____
- [ ] _____
- [ ] _____
- [ ] _____
- [ ] _____
- [ ] _____

Notes :

Date :_____

. PRIORITIES FOR THE DAY :

☐ _____
☐ _____
☐ _____

. MY TO DO LIST :

☐ _____
☐ _____
☐ _____
☐ _____
☐ _____
☐ _____
☐ _____
☐ _____
☐ _____

Notes :

Date :_____

. PRIORITIES FOR THE DAY :

- ☐ _____
- ☐ _____
- ☐ _____

. MY TO DO LIST :

- ☐ _____
- ☐ _____
- ☐ _____
- ☐ _____
- ☐ _____
- ☐ _____
- ☐ _____
- ☐ _____
- ☐ _____

Notes :

Date :_____

. PRIORITIES FOR THE DAY :

☐ _____
☐ _____
☐ _____

. MY TO DO LIST :

☐ _____
☐ _____
☐ _____
☐ _____
☐ _____
☐ _____
☐ _____
☐ _____
☐ _____

Notes :

Date :_____

. PRIORITIES FOR THE DAY :

☐ _____
☐ _____
☐ _____

. MY TO DO LIST :

☐ _____
☐ _____
☐ _____
☐ _____
☐ _____
☐ _____
☐ _____
☐ _____
☐ _____

Notes :

Date :_____

. PRIORITIES FOR THE DAY :

☐ _____
☐ _____
☐ _____

. MY TO DO LIST :

☐ _____
☐ _____
☐ _____
☐ _____
☐ _____
☐ _____
☐ _____
☐ _____
☐ _____

Notes :

Date :_____

. PRIORITIES FOR THE DAY :

☐ _____
☐ _____
☐ _____

. MY TO DO LIST :

☐ _____
☐ _____
☐ _____
☐ _____
☐ _____
☐ _____
☐ _____
☐ _____
☐ _____

Notes :

Date :_____

. PRIORITIES FOR THE DAY :

☐ _____
☐ _____
☐ _____

. MY TO DO LIST :

☐ _____
☐ _____
☐ _____
☐ _____
☐ _____
☐ _____
☐ _____
☐ _____
☐ _____

Notes :

Date :_____

. PRIORITIES FOR THE DAY :

- ☐ _____
- ☐ _____
- ☐ _____

. MY TO DO LIST :

- ☐ _____
- ☐ _____
- ☐ _____
- ☐ _____
- ☐ _____
- ☐ _____
- ☐ _____
- ☐ _____
- ☐ _____

Notes :

Date :_____

. PRIORITIES FOR THE DAY :

☐ _____
☐ _____
☐ _____

. MY TO DO LIST :

☐ _____
☐ _____
☐ _____
☐ _____
☐ _____
☐ _____
☐ _____
☐ _____
☐ _____

Notes :

Date :_____

. PRIORITIES FOR THE DAY :

☐ _____
☐ _____
☐ _____

. MY TO DO LIST :

☐ _____
☐ _____
☐ _____
☐ _____
☐ _____
☐ _____
☐ _____
☐ _____
☐ _____

Notes :

Date :_____

. PRIORITIES FOR THE DAY :

☐ _____
☐ _____
☐ _____

. MY TO DO LIST :

☐ _____
☐ _____
☐ _____
☐ _____
☐ _____
☐ _____
☐ _____
☐ _____
☐ _____

Notes :

Date :_____

. PRIORITIES FOR THE DAY :

☐ _____
☐ _____
☐ _____

. MY TO DO LIST :

☐ _____
☐ _____
☐ _____
☐ _____
☐ _____
☐ _____
☐ _____
☐ _____
☐ _____

Notes :

Date :_____

. PRIORITIES FOR THE DAY :

- [ ] _____
- [ ] _____
- [ ] _____

. MY TO DO LIST :

- [ ] _____
- [ ] _____
- [ ] _____
- [ ] _____
- [ ] _____
- [ ] _____
- [ ] _____
- [ ] _____
- [ ] _____

Notes :

Date :_____

. PRIORITIES FOR THE DAY :

☐ _____
☐ _____
☐ _____

. MY TO DO LIST :

☐ _____
☐ _____
☐ _____
☐ _____
☐ _____
☐ _____
☐ _____
☐ _____
☐ _____

Notes :

Date :_____

. PRIORITIES FOR THE DAY :

☐ _____
☐ _____
☐ _____

. MY TO DO LIST :

☐ _____
☐ _____
☐ _____
☐ _____
☐ _____
☐ _____
☐ _____
☐ _____
☐ _____

Notes :

```



```

Date :_____

. PRIORITIES FOR THE DAY :

☐ _____
☐ _____
☐ _____

. MY TO DO LIST :

☐ _____
☐ _____
☐ _____
☐ _____
☐ _____
☐ _____
☐ _____
☐ _____
☐ _____

Notes :

Date :_____

. PRIORITIES FOR THE DAY :

☐ _____
☐ _____
☐ _____

. MY TO DO LIST :

☐ _____
☐ _____
☐ _____
☐ _____
☐ _____
☐ _____
☐ _____
☐ _____
☐ _____

Notes :

Date :_____

. PRIORITIES FOR THE DAY :

☐ _____

☐ _____

☐ _____

. MY TO DO LIST :

☐ _____

☐ _____

☐ _____

☐ _____

☐ _____

☐ _____

☐ _____

☐ _____

☐ _____

Notes :

Date :_____

. PRIORITIES FOR THE DAY :

- ☐ _____
- ☐ _____
- ☐ _____

. MY TO DO LIST :

- ☐ _____
- ☐ _____
- ☐ _____
- ☐ _____
- ☐ _____
- ☐ _____
- ☐ _____
- ☐ _____
- ☐ _____

Notes :

Date :_____

. PRIORITIES FOR THE DAY :

☐ _____
☐ _____
☐ _____

. MY TO DO LIST :

☐ _____
☐ _____
☐ _____
☐ _____
☐ _____
☐ _____
☐ _____
☐ _____
☐ _____

Notes :

Date :_____

. PRIORITIES FOR THE DAY :

☐ _____
☐ _____
☐ _____

. MY TO DO LIST :

☐ _____
☐ _____
☐ _____
☐ _____
☐ _____
☐ _____
☐ _____
☐ _____
☐ _____

Notes :

Date :_____

. PRIORITIES FOR THE DAY :

☐ _____
☐ _____
☐ _____

. MY TO DO LIST :

☐ _____
☐ _____
☐ _____
☐ _____
☐ _____
☐ _____
☐ _____
☐ _____
☐ _____

Notes :

Date :_____

. PRIORITIES FOR THE DAY :

☐ _____

☐ _____

☐ _____

. MY TO DO LIST :

☐ _____

☐ _____

☐ _____

☐ _____

☐ _____

☐ _____

☐ _____

☐ _____

☐ _____

Notes :

Date :_____

. PRIORITIES FOR THE DAY :

- ☐ _____
- ☐ _____
- ☐ _____

. MY TO DO LIST :

- ☐ _____
- ☐ _____
- ☐ _____
- ☐ _____
- ☐ _____
- ☐ _____
- ☐ _____
- ☐ _____
- ☐ _____

Notes :

Date :_____

. PRIORITIES FOR THE DAY :

☐ _____
☐ _____
☐ _____

. MY TO DO LIST :

☐ _____
☐ _____
☐ _____
☐ _____
☐ _____
☐ _____
☐ _____
☐ _____
☐ _____

Notes :

Date :_____

. PRIORITIES FOR THE DAY :

- [ ] _____
- [ ] _____
- [ ] _____

. MY TO DO LIST :

- [ ] _____
- [ ] _____
- [ ] _____
- [ ] _____
- [ ] _____
- [ ] _____
- [ ] _____
- [ ] _____
- [ ] _____

Notes :

Date :_____

. PRIORITIES FOR THE DAY :

☐ _____
☐ _____
☐ _____

. MY TO DO LIST :

☐ _____
☐ _____
☐ _____
☐ _____
☐ _____
☐ _____
☐ _____
☐ _____
☐ _____

Notes :

Date :_____

. PRIORITIES FOR THE DAY :

☐ _____
☐ _____
☐ _____

. MY TO DO LIST :

☐ _____
☐ _____
☐ _____
☐ _____
☐ _____
☐ _____
☐ _____
☐ _____
☐ _____

Notes :

Date :_____

. PRIORITIES FOR THE DAY :

☐ _____

☐ _____

☐ _____

. MY TO DO LIST :

☐ _____

☐ _____

☐ _____

☐ _____

☐ _____

☐ _____

☐ _____

☐ _____

☐ _____

Notes :

Date :_____

. PRIORITIES FOR THE DAY :

☐ _____
☐ _____
☐ _____

. MY TO DO LIST :

☐ _____
☐ _____
☐ _____
☐ _____
☐ _____
☐ _____
☐ _____
☐ _____
☐ _____

Notes :

Date :_____

. PRIORITIES FOR THE DAY :

- [ ] _____
- [ ] _____
- [ ] _____

. MY TO DO LIST :

- [ ] _____
- [ ] _____
- [ ] _____
- [ ] _____
- [ ] _____
- [ ] _____
- [ ] _____
- [ ] _____
- [ ] _____

Notes :

Date :_____

. PRIORITIES FOR THE DAY :

☐ _____
☐ _____
☐ _____

. MY TO DO LIST :

☐ _____
☐ _____
☐ _____
☐ _____
☐ _____
☐ _____
☐ _____
☐ _____
☐ _____

Notes :

Date :_____

. PRIORITIES FOR THE DAY :

☐ _____
☐ _____
☐ _____

. MY TO DO LIST :

☐ _____
☐ _____
☐ _____
☐ _____
☐ _____
☐ _____
☐ _____
☐ _____
☐ _____

Notes :

Date :_____

. PRIORITIES FOR THE DAY :

- [ ] _____
- [ ] _____
- [ ] _____

. MY TO DO LIST :

- [ ] _____
- [ ] _____
- [ ] _____
- [ ] _____
- [ ] _____
- [ ] _____
- [ ] _____
- [ ] _____
- [ ] _____

Notes :

Date :_____

. PRIORITIES FOR THE DAY :

☐ _____
☐ _____
☐ _____

. MY TO DO LIST :

☐ _____
☐ _____
☐ _____
☐ _____
☐ _____
☐ _____
☐ _____
☐ _____
☐ _____

Notes :

Date :_____

. PRIORITIES FOR THE DAY :

- [ ] _____
- [ ] _____
- [ ] _____

. MY TO DO LIST :

- [ ] _____
- [ ] _____
- [ ] _____
- [ ] _____
- [ ] _____
- [ ] _____
- [ ] _____
- [ ] _____
- [ ] _____

Notes :

Date :_____

. PRIORITIES FOR THE DAY :

☐ _____
☐ _____
☐ _____

. MY TO DO LIST :

☐ _____
☐ _____
☐ _____
☐ _____
☐ _____
☐ _____
☐ _____
☐ _____
☐ _____

Notes :

Date :_____

. PRIORITIES FOR THE DAY :

☐ _____

☐ _____

☐ _____

. MY TO DO LIST :

☐ _____

☐ _____

☐ _____

☐ _____

☐ _____

☐ _____

☐ _____

☐ _____

☐ _____

Notes :

Date :_____

. PRIORITIES FOR THE DAY :

- ☐ _____
- ☐ _____
- ☐ _____

. MY TO DO LIST :

- ☐ _____
- ☐ _____
- ☐ _____
- ☐ _____
- ☐ _____
- ☐ _____
- ☐ _____
- ☐ _____
- ☐ _____

Notes :

Date :_____

. PRIORITIES FOR THE DAY :

☐ _____
☐ _____
☐ _____

. MY TO DO LIST :

☐ _____
☐ _____
☐ _____
☐ _____
☐ _____
☐ _____
☐ _____
☐ _____
☐ _____

Notes :

Date :_____

. PRIORITIES FOR THE DAY :

☐ _____
☐ _____
☐ _____

. MY TO DO LIST :

☐ _____
☐ _____
☐ _____
☐ _____
☐ _____
☐ _____
☐ _____
☐ _____
☐ _____

Notes :

Date :_____

. PRIORITIES FOR THE DAY :

☐ _____
☐ _____
☐ _____

. MY TO DO LIST :

☐ _____
☐ _____
☐ _____
☐ _____
☐ _____
☐ _____
☐ _____
☐ _____
☐ _____

Notes :

Date :_____

. PRIORITIES FOR THE DAY :

☐ _____

☐ _____

☐ _____

. MY TO DO LIST :

☐ _____

☐ _____

☐ _____

☐ _____

☐ _____

☐ _____

☐ _____

☐ _____

☐ _____

Notes :

Date :_____

. PRIORITIES FOR THE DAY :

☐ _____
☐ _____
☐ _____

. MY TO DO LIST :

☐ _____
☐ _____
☐ _____
☐ _____
☐ _____
☐ _____
☐ _____
☐ _____
☐ _____

Notes :

Date :_____

. PRIORITIES FOR THE DAY :

☐ _____
☐ _____
☐ _____

. MY TO DO LIST :

☐ _____
☐ _____
☐ _____
☐ _____
☐ _____
☐ _____
☐ _____
☐ _____
☐ _____

Notes :

Date :_____

. PRIORITIES FOR THE DAY :

☐ _____
☐ _____
☐ _____

. MY TO DO LIST :

☐ _____
☐ _____
☐ _____
☐ _____
☐ _____
☐ _____
☐ _____
☐ _____
☐ _____

Notes :

Date :_____

. PRIORITIES FOR THE DAY :

☐ _____
☐ _____
☐ _____

. MY TO DO LIST :

☐ _____
☐ _____
☐ _____
☐ _____
☐ _____
☐ _____
☐ _____
☐ _____
☐ _____

Notes :

Date :_____

. PRIORITIES FOR THE DAY :

☐ _____
☐ _____
☐ _____

. MY TO DO LIST :

☐ _____
☐ _____
☐ _____
☐ _____
☐ _____
☐ _____
☐ _____
☐ _____
☐ _____

Notes :

Date :_____

. PRIORITIES FOR THE DAY :

☐ _____
☐ _____
☐ _____

. MY TO DO LIST :

☐ _____
☐ _____
☐ _____
☐ _____
☐ _____
☐ _____
☐ _____
☐ _____
☐ _____

Notes :

Date :_____

. PRIORITIES FOR THE DAY :

☐ _____
☐ _____
☐ _____

. MY TO DO LIST :

☐ _____
☐ _____
☐ _____
☐ _____
☐ _____
☐ _____
☐ _____
☐ _____
☐ _____

Notes :

```




```